FLASHCARD BOOKS

HOUSEHOLD ITEMS

ENGLISH
to
CHINESE

FLASHCARD BOOK

BLACK & WHITE EDITION

HOW TO USE:

- READ THE ENGLISH WORD ON THE FIRST PAGE.

- IF YOU KNOW THE TRANSLATION SAY IT OUT LOUD.

- TURN THE PAGE AND SEE IF YOU GOT IT RIGHT.

- IF YOU GUESSED CORRECTLY, WELL DONE!
IF NOT, TRY READING THE WORD USING THE PHONETIC PRONUNCIATION GUIDE.

- NOW TRY THE NEXT PAGE.
THE MORE YOU PRACTICE THE BETTER YOU WILL GET!

BOOKS IN THIS SERIES:
ANIMALS
NUMBERS SHAPES AND COLORS
HOUSEHOLD ITEMS
CLOTHES

ALSO AVAILABLE IN OTHER LANGUAGES INCLUDING:

FRENCH, GERMAN, SPANISH, ITALIAN,

RUSSIAN, CHINESE, JAPANESE AND MORE.

WWW.FLASHCARDEBOOKS.COM

Alarm Clock

闹钟

Nào Zhōng

Apple

苹果

Píng Guǒ

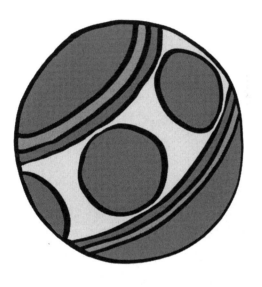

Ball

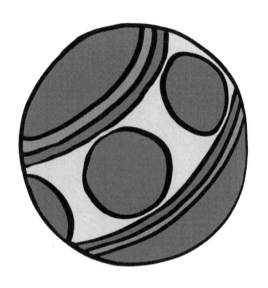

球

Qiú

Balloon

气球

Qì Qiú

Bath

浴

Yù

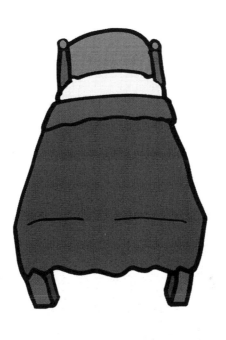

Bed

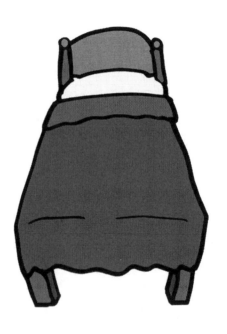

床

Chuáng

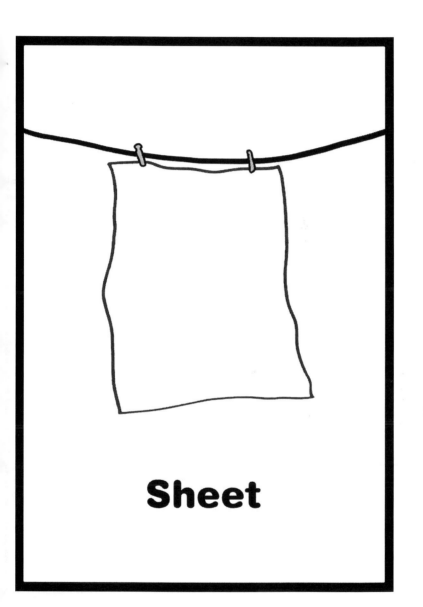

Sheet

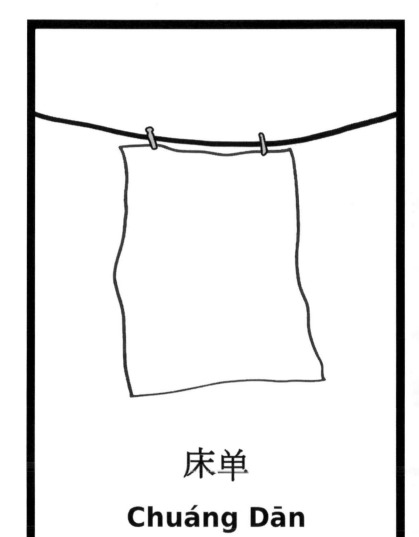

床单

Chuáng Dān

Book Case

书柜

Shū Guì

Broom

扫帚

Sào Zhǒu

Bunk Bed

双层床

Shuāng Céng Chuáng

Castle

城堡

Chéng Bǎo

Cat

猫

Māo

Cell Phone

手机

Shǒu Jī

Clock

时钟

Shí Zhōng

Breakfast Cereal

谷物早餐

Gǔ Wù Zǎo Cān

Crib

婴儿床

Yīng ér Chuáng

Cup

杯
Bēi

Cupboard

柜子

Guì Zi

Cushion

垫子

Diàn Zi

Dishwasher

洗碗机

Xǐ Wǎn Jī

Doll

洋娃娃

Yáng Wá Wá

Door

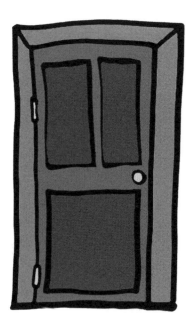

门

Mén

Door Bell

门铃

Mén Líng

Double Bed

双人床

Shuāng Rén Chuáng

Drawers

抽屉

Chōu Ti

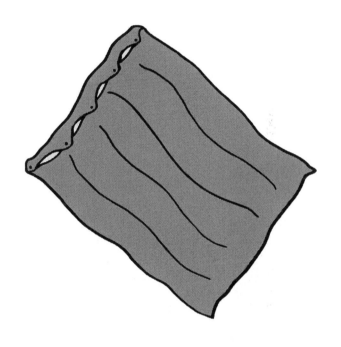

Duvet

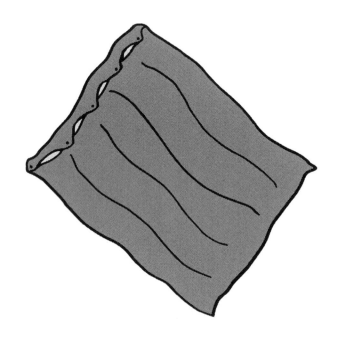

羽绒被

Yǔ Róng Bèi

Fireplace

壁炉

Bì Lú

Fish Tank

鱼缸

Yú Gāng

Fork

叉

Chā

Photo Frame

相框

Xiāng Kuāng

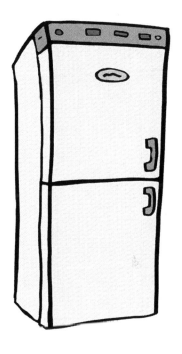

Fridge

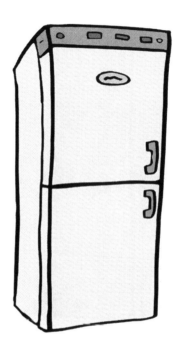

冰箱

Bīng Xiāng

Frying Pan

煎锅

Jiān Guō

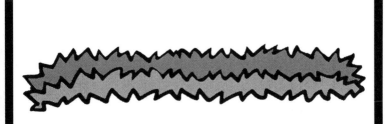

Grass

草

Cǎo

Greenhouse

温室

Wēn Shì

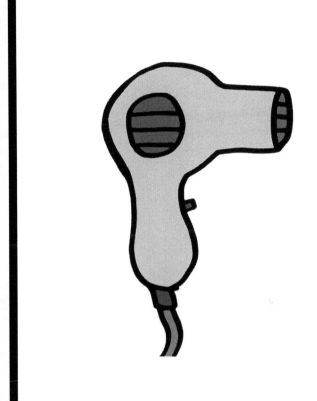

Hairdryer

吹风机

Chuī Fēng Jī

Hammer

锤

Chuí

Hose

软管

Ruǎn Guǎn

Iron

烫斗

Tàng Dǒu

Kettle

水壶

Shuǐ Hú

Keys

钥匙

Yào Shi

Oil

油

Yóu

Kitchen Sink

厨房洗涤盆

Chú Fáng Xǐ Dí Pén

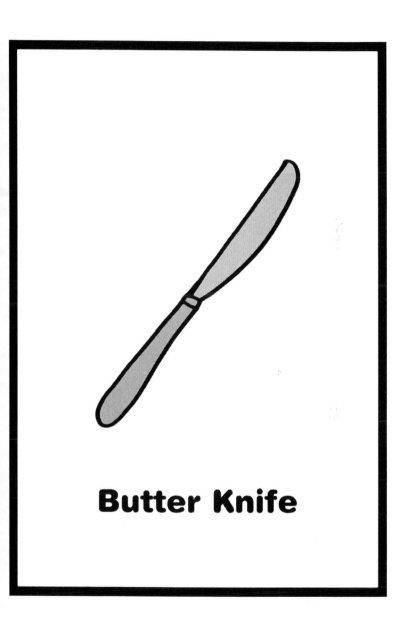

Butter Knife

牛油刀

Niú Yóu Dāo

Lamp

灯

Dēng

Lawn Mower

割草机

Gē Cǎo Jī

Light blub

灯泡

Dēng Pào

Light Switch

电灯开关

Diàn Dēng Kāi Guān

Magazine

杂志

Zá Zhì

Microwave

微波炉

Wéi Bō Lú

Milk

牛奶

Niú Nǎi

Nails

钉子

Dīng Zi

Newspaper

报纸

Bào Zhǐ

Oven

烤炉

Kǎo Lú

Pans

锅

Guō

PC

电脑

Diàn Nǎo

Pencil Sharpener

铅笔刀

Qiān Bǐ Dāo

Pillow

枕头

Zhěn Tou

Plant

植物

Zhí Wù

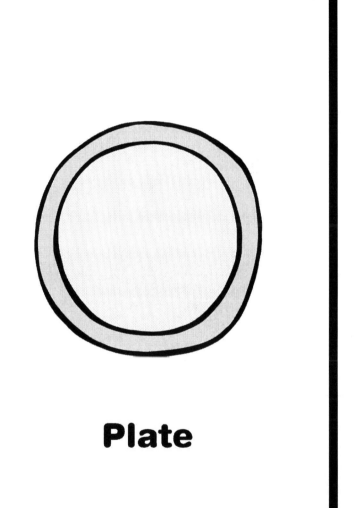

Plate

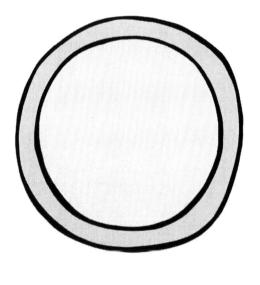

盘

Pán

Rake

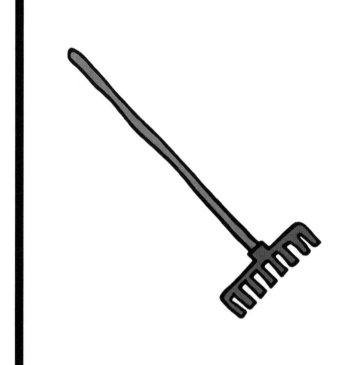

耙

Bà

Remote Control

遥控器

Yáo Kòng Qì

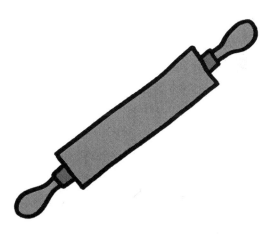

Rolling Pin

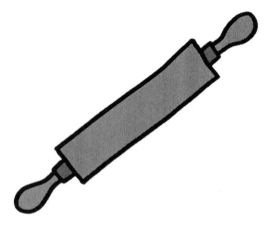

擀面杖

Găn Miàn Zhàng

Roof

屋顶

Wū Dǐng

Rug

地毯

Dì Tǎn

Sandwich

三明治

Sān Míng Zhì

Screw

螺丝钉

Luó Sī Dīng

Screwdriver

螺丝刀

Luó Sī Dāo

Shampoo

洗发水

Xǐ Fǎ Shuǐ

Shovel

铲

Chǎn

Shower

淋浴器

Lín Yù Qì

Sink

洗涤槽

Xǐ Dí Cáo

Soap

肥皂

Féi Zào

Speakers

扬声器

Yáng Shēng Qì

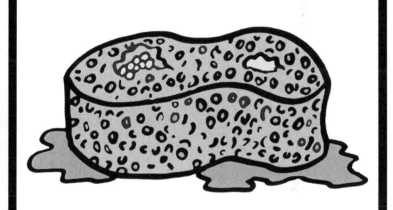

Sponge

海绵

Hǎi Mián

Spoon

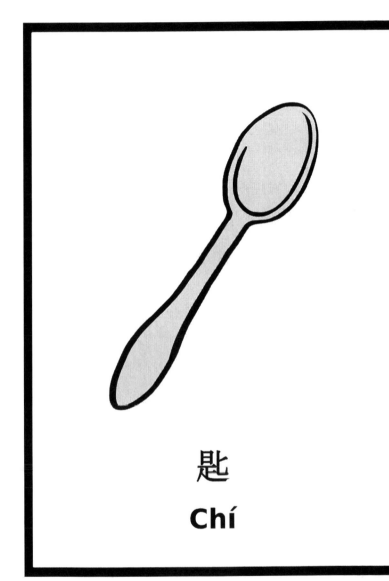

匙

Chí

Table

桌子

Zhuō Zi

Tap

龙头

Lóng Tóu

Teddy Bear

玩具熊

Wán Jù Xióng

Toaster

烤面包机

Kǎo Miàn Bāo Jī

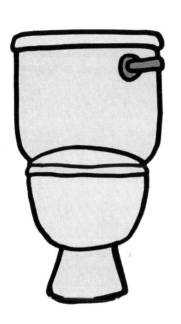

Toilet

厕所

Cè Suǒ

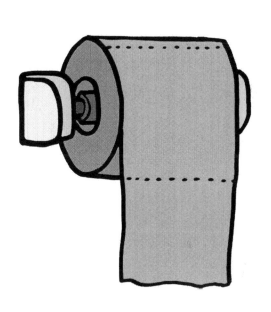

Toilet Paper

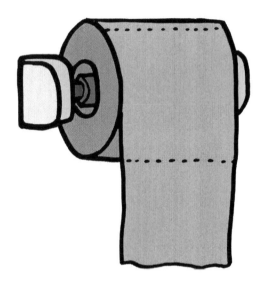

卫生纸

Wèi Shēng Zhǐ

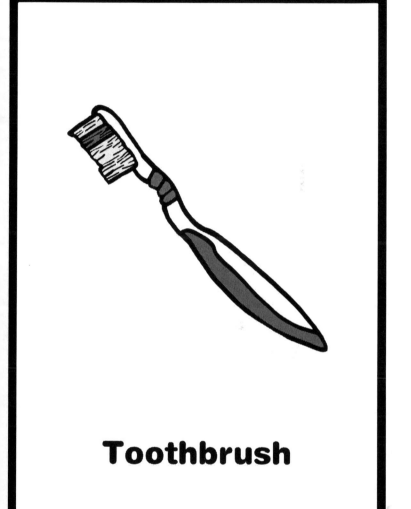

Toothbrush

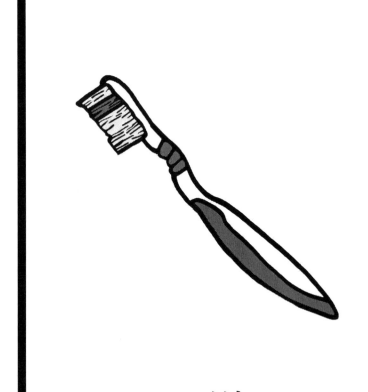

牙刷

Yá Shuā

Toothpaste

牙膏
Yá Gāo

Tree

树

Shù

Television

电视

Diàn Shì

Wardrobe

衣柜

Yī Guì

Washing Machine

洗衣机

Xǐ Yī Jī

Dishwashing liquid

洗涤液

Xǐ Dí Yè

Wheelbarrow

独轮手推车

Dú Lún Shǒu Tuī Chē

Window

窗

Chuāng

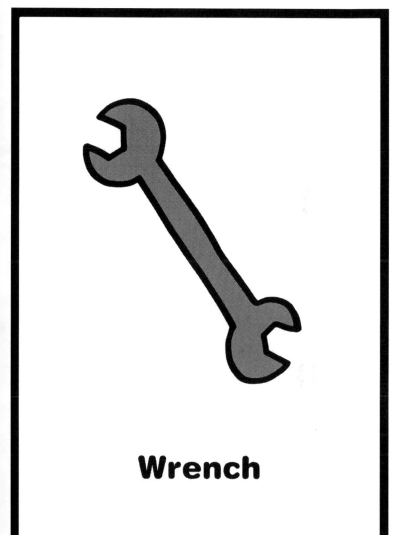

Wrench

扳手

Bān Shǒu

Made in the USA
San Bernardino, CA
26 January 2020